FREDERIC NIETZSCHE

LE CAS WAGNER

UN PROBLÈME MUSICAL

Traduction d'Henri Albert

© 2022 Culturea Editions
Illustration de couverture : © domaine public
Edition : Culturea, le patrimoine des lettres (Hérault, 34)
Contact : infos@culturea.fr
Retrouvez notre catalogue sur http://culturea.fr
Imprimé en Allemagne par Books on Demand
In de Tarpen 42, Norderstedt
Design typographique : Derek Murphy
Layout : Reedsy (https://reedsy.com/)
ISBN : 9791041941223
Dépôt légal : Décembre 2022

AVANT-PROPOS

Je vais m'alléger un peu. Ce n'est pas par pure méchanceté que, dans cet écrit, je loue Bizet aux dépens de Wagner. J'avance, au milieu de beaucoup de plaisanteries, une chose avec quoi il n'y a pas à plaisanter. Tourner le dos à Wagner, ce fut une fatalité pour moi ; aimer quelque chose ensuite, une victoire. Personne n'a peut-être été mêlé à la « wagnérie » plus dangereusement que moi ; personne ne s'est défendu plus âprement contre elle ; personne ne s'est plus réjoui de lui échapper. C'est une longue histoire ! – Veut-on un mot pour la caractériser ? – Si j'étais moraliste, qui sait comment je l'appellerais ! Peut-être *victoire sur soi-même*. – Mais le philosophe n'aime pas les moralistes... il n'aime pas davantage les grands mots...

Quelle est la première et la dernière exigence d'un philosophe vis-à-vis de lui-même ? Vaincre son temps et se mettre « en dehors du temps ». Avec qui devra-t-il donc soutenir le plus rude combat ? Avec ce par quoi il est l'enfant de son temps. Or ça ! je suis aussi bien que Wagner l'enfant de cette époque-ci, je veux dire un *décadent* : avec cette différence que je m'en suis rendu compte et que je me suis mis en état de défense. Le philosophe en moi protestait contre le décadent.

Ce qui m'a le plus occupé, c'est, en vérité, le problème de la *décadence*, – j'ai eu mes raisons pour cela. La question du « bien » et du « mal » n'est qu'une variété de ce problème. Si l'on a vu clair sur les symptômes de la décadence on comprendra aussi l'essence de la morale, – on comprendra ce qui se cache sous ses noms les plus sacrés et ses formules d'évaluation les plus saintes : la vie *appauvrie*, la volonté de périr, la grande lassitude. La morale est la négation de la vie... Pour accomplir une pareille tâche une discipline personnelle m'était nécessaire : – prendre parti contre tout ce qu'il y a de malade en moi, y compris Wagner, y compris Schopenhauer, y compris toute l' « humanité » moderne. – Alors j'éprouvai un profond éloignement, un refroidissement et un désenchantement à l'égard de tout ce qui est temporel et de notre époque, et mon plus haut désir devint le regard de *Zarathoustra*, un regard qui embrasse d'une distance infinie le phénomène « homme », – et qui le voit *au-dessous* de lui... Un but pareil ! – quel sacrifice ne méritait-il pas ? quelle « victoire sur soi-même » ? quelle « négation de soi » ?

Le plus grand événement de ma vie fut une *guérison*. Wagner n'appartient qu'à mes maladies.

Non pas que je veuille me montrer ingrat à l'égard de cette maladie. Si, dans cet écrit, j'entends déclarer que Wagner est *nuisible,* je n'en soutiens pas moins qu'il est indispensable à quelqu'un : – au philosophe. Autrement on pourrait peut-être se passer de Wagner : le philosophe cependant n'est point libre de repousser ses services. Il doit être la mauvaise conscience de son temps, – c'est pourquoi il lui faut connaître son temps. Mais où trouverait-il pour le labyrinthe de l'âme moderne un guide mieux initié que Wagner, un plus éloquent connaisseur d'âmes ? Par Wagner la modernité parle son langage le plus *intime* : elle ne dissimule ni son bien ni son mal, elle a désappris toute pudeur devant elle-même. Et réciproquement : on est tout près d'avoir fait le compte de ce que *vaut* l'esprit moderne, quand on est d'accord avec soi-même pour ce qui en est du bien et du mal chez Wagner. – Je comprends parfaitement qu'un musicien d'aujourd'hui nous dise : « Je hais Wagner, mais je ne puis plus supporter d'autre musique. » Mais je comprendrais aussi un philosophe qui déclarerait : « Wagner *résume* la modernité. On a beau faire, il faut commencer par être wagnérien... »

LETTRE DE TURIN — MAI 1888

ridendo dicere SEVERUM...

1.

J'ai entendu hier – le croiriez-vous – pour la vingtième fois le chef-d'œuvre de Bizet. De nouveau j'ai persévéré jusqu'au bout dans un doux recueillement, de nouveau je ne me suis point enfui. Cette victoire sur mon impatience me surprend. Comme une œuvre pareille vous rend parfait ! A l'entendre on devient soi-même un « chef-d'œuvre ». – Et, en vérité, chaque fois que j'ai entendu *Carmen*, il m'a semblé que j'étais plus philosophe, un meilleur philosophe qu'en temps ordinaires : je devenais si indulgent, si heureux, si indou, si *rassis*... Etre assis pendant cinq heures : première étape vers la sainteté ! – Puis-je dire que l'orchestration de Bizet est presque la seule que je supporte encore ? Cette *autre* orchestration qui tient la corde aujourd'hui, celle de Wagner, à la fois brutale, factice et naïve, ce qui lui permet de parler en même temps aux trois sens de l'âme moderne, – à quel point elle m'est néfaste, cette orchestration wagnérienne. Je la compare à un siroco. Une sueur contrariante se répand sur moi. C'en est fait de *mon* humeur de beau temps.

Cette musique de Bizet me semble parfaite. Elle approche avec une allure légère, souple, polie. Elle est aimable, elle ne met point en sueur. « Tout ce qui est bon est léger, tout ce qui est divin court sur des pieds délicats » : première thèse de mon Esthétique. Cette musique est méchante, raffinée, fataliste : elle demeure quand même populaire, – son raffinement est celui d'une race et non pas d'un individu. Elle est riche. Elle est précise. Elle construit, organise, s'achève : par là elle forme un contraste avec le polype dans la musique, avec la « mélodie infinie ». A-t-on jamais entendu sur la scène des accents plus douloureux, plus tragiques ? Et comment sont-ils obtenus ! Sans grimace ! Sans faux-monnayage ! Sans le *mensonge* du grand style ! – Enfin : cette musique suppose l'auditeur intelligent, même s'il est musicien, – et en cela aussi elle est l'antithèse de Wagner qui, quel qu'il soit quant au reste, était en tous les cas le génie le plus malappris du monde. (Wagner nous prend pour des – –, il dit une chose jusqu'à ce que l'on désespère, – jusqu'à ce qu'on y croie.)

Et encore une fois : je me sens devenir meilleur lorsque ce Bizet s'adresse à moi. Et aussi meilleur musicien, meilleur *auditeur*. Est-il possible de mieux écouter ? – J'ensevelis mes oreilles sous cette musique, j'en perçois les origines. Il me semble que j'assiste à sa naissance – je tremble devant les dangers qui accompagnent n'importe quelle hardiesse, je suis ravi des heureuses trouvailles dont Bizet est innocent. – Et, chose curieuse ! au fond je n'y pense pas, ou bien *j'ignore* à quel point j'y pense. Car des pensées toutes différentes roulent à ce moment-là dans ma tête... A-t-on remarqué que la musique rend l'esprit *libre* ? qu'elle donne des ailes à la pensée ? que l'on devient d'autant plus philosophe que l'on est plus musicien ? – Le ciel gris de l'abstraction semble sillonné par la foudre ; la lumière devient assez intense pour saisir les « filigranes » des choses ; les grands problèmes sont assez proches pour être saisis ; nous embrassons le monde comme si nous étions au haut d'une montagne. – Je viens justement de définir le pathos philosophique. – Et sans que je m'en aperçoive des *réponses* me viennent à l'esprit, une petite grêle de glace et de sagesse, de problèmes *résolus*... Où suis-je ? Bizet me rend fécond. Tout ce qui a de la valeur me rend fécond. Je n'ai pas d'autre gratitude, je n'ai pas d'autre preuve de la valeur d'une chose. –

2.

L'œuvre de Bizet, elle aussi, est rédemptrice ; Wagner n'est pas le seul « rédempteur ». Avec cette œuvre on prend congé du nord *humide*, de toutes les brumes de l'idéal wagnérien. Déjà l'action nous en débarrasse. Elle tient encore de Mérimée la logique dans la passion, la ligne droite, la *dure* nécessité ; elle possède avant tout ce qui est le propre des pays chauds, la sécheresse de l'air, sa *limpidezza*. Nous voici, à tous les égards, sous un autre climat. Une autre sensualité, une autre sensibilité, une autre sérénité s'expriment ici. Cette musique est gaie ; mais ce n'est point d'une gaieté française ou allemande. Sa gaieté est africaine ; la fatalité plane au-dessus d'elle, son bonheur est court, soudain, sans merci. J'envie Bizet parce qu'il a eu le courage de cette sensibilité, une sensibilité qui jusqu'à présent n'avait pas trouvé d'expression dans la musique de l'Europe civilisée, – je veux dire cette sensibilité méridionale, cuivrée, ardente... Quel bien nous font les après-midi dorés de son bonheur ! Notre regard s'étend au loin : avons-nous jamais vu la mer plus *unie* ? – Et que la danse mauresque nous semble apaisante ! Comme sa mélancolie lascive parvient à satisfaire nos désirs toujours insatisfaits ! – C'est enfin l'amour, l'amour remis à sa place dans la *nature* ! Non pas l'amour de la « jeune fille idéale » ! Pas trace de « Senta-sentimentalité[1] » ! Au contraire l'amour dans ce qu'il a d'implacable, de *fatal*, de cynique, de candide, de cruel – et c'est en cela qu'il participe de la *nature* ! L'amour dont la guerre est le moyen, dont la *haine mortelle* des sexes est la base ! Je ne connais aucun cas où l'esprit tragique qui est l'essence de l'amour, s'exprime avec une semblable âpreté, revête une forme aussi terrible que dans ce cri de Don José qui termine l'œuvre :

> Oui, c'est moi qui l'ai tuée,
> Carmen, ma Carmen adorée !

– Une telle conception de l'amour (la seule qui soit digne du philosophe –) est rare : elle distingue une œuvre d'art entre mille. Car d'une façon générale les artistes ont le même sort que tout le monde, souvent même à un plus haut degré, – ils méconnaissent l'amour. Wagner lui-même l'a méconnu. Ils croient être généreux en amour puisqu'ils veulent l'avantage d'un autre être souvent même au dépens de leur propre intérêt. Mais, en récompense, ils veulent *posséder* cet autre être... Dieu lui-même ne fait pas exception ici. Il est loin de penser : « Si je t'aime, est-ce que cela te regarde[2]. » – Il devient terrible quand on ne le paye pas de retour. *L'amour* – avec cette parole on gagne sa cause auprès de Dieu et des hommes – *est de tous les sentiments le plus égoïste, et, par conséquent, lorsqu'il est blessé, le moins généreux.* (B. Constant.)

---

[1] On se souvient que Senta est l'héroïne du *Vaisseau fantôme* de Richard Wagner.
[2] GOETHE, *Wilhelm Meister*.

Vous voyez déjà combien cette musique me rend meilleur ? – Il faut *méditerraniser* la musique : j'ai des raisons pour énoncer cette formule (*Par delà le Bien et le Mal*, aph. 256). Le retour à la nature, à la santé, à la gaieté, à la jeunesse, à la *vertu !* – Et cependant j'étais l'un des wagnériens les plus corrompus... J'étais capable de prendre Wagner au sérieux... Ah ! le vieux magicien nous en a-t-il assez fait accroire ! La première chose que nous offre son art c'est un verre grossissant : on regarde au travers, on ne se fie plus à ses yeux. – Tout devient grand, *Wagner lui-même devient un grand homme...* Quel prudent serpent à sonnettes ! Toute sa vie il a agité la sonnette avec les mots de « résignation », de « loyauté », de « pureté », il s'est retiré du monde *corrompu* avec une louange à la chasteté! – Et nous l'avons cru...

– Mais vous ne m'entendez pas ? Vous préférez encore le problème de Wagner à celui de Bizet ? Moi non plus, je ne l'estime pas au-dessous de sa valeur, il a son charme. Le problème de la rédemption est même un problème très vénérable. Rien n'a fait faire à Wagner de réflexion plus profonde que la rédemption : l'opéra de Wagner, c'est l'opéra de la rédemption. Il y a toujours chez lui quelqu'un qui veut être sauvé : tantôt un homme, tantôt une femme – c'est là son problème. Et avec quelle richesse il varie ce *leitmotiv* ! Cruelles échappées rares et profondes ! Qui donc nous l'apprendrait, si ce n'est Wagner, que l'innocence sauve avec prédilection des pécheurs intéressants ? (C'est le cas du *Tannhäuser*.) Ou bien que le Juif errant lui-même trouve son salut, devient *casanier* lorsqu'il se marie ? (C'est le cas du *Vaisseau fantôme*.) Ou bien qu'une vieille femme corrompue préfère être sauvée par de chastes jeunes gens ? (C'est le cas de Kundry dans *Parsifal*.) Ou bien encore que de jeunes hystériques aiment à être sauvées par leur médecin ? (C'est le cas de *Lohengrin*.) Ou bien que de belles jeunes filles sont sauvées plus volontiers par un chevalier, qui est wagnérien ? (C'est le cas des *Maîtres Chanteurs*.) Ou encore que des femmes mariées, elles aussi, ont recours au chevalier ? (C'est le cas d'*Iseult*.) Ou enfin que le « vieux dieu », après s'être moralement compromis de toutes les façons, finit par être sauvé par un libre penseur, par un immoraliste ? (C'est le cas de l'*Anneau*.) Admirez en particulier cette dernière profondeur ! La comprenez-vous ? Moi, je m'en garde bien... Qu'il y ait lieu de tirer encore d'autres enseignements des ouvrages cités, je serais plutôt porté à le démontrer que d'y contredire. Qu'un ballet wagnérien puisse vous réduire au désespoir – et à la vertu ! – c'est encore le cas du *Tannhäuser*. Que l'on soit menacé des suites les plus fâcheuses, lorsqu'on ne se met pas au lit à l'heure. – C'est encore le cas de *Lohengrin*. Que l'on n'a jamais besoin de savoir trop exactement avec qui l'on va se marier –, c'est pour la troisième fois le cas de *Lohengrin*. – *Tristan et Iseult* glorifie le parfait époux qui, dans un cas déterminé, n'a qu'une seule question à la bouche : « Mais, pourquoi ne m'avez-vous pas dit cela plus tôt ? Il n'y avait rien de plus simple ! » Réponse :

> Cela, je ne peux pas te le dire,
> Et, ce que tu demandes,
> Tu devras toujours l'ignorer.

Le *Lohengrin* contient une solennelle mise au ban des recherches et des questions. Wagner touche ici au dogme chrétien : « Tu dois *croire*, et tu croiras. » C'est un attentat contre ce qu'il y a de plus élevé et de plus sacré, que d'aimer la science... Le *Vaisseau fantôme* prêche cet enseignement sublime que la femme stabilise même l'être le plus vagabond – pour parler le langage wagnérien, elle le « sauve ». Ici, nous nous permettons une question. En admettant que cela fût vrai, serait-ce, par cela même, désirable ? – Qu'advient-il du « Juif errant » qu'une femme adore et *fixe* ? Il cesse tout simplement d'être éternellement errant ; il se marie, il n'a plus d'intérêt pour nous. – Interprétons cela par la réalité : le danger pour l'artiste, pour l'homme de génie – et ce sont eux les Juifs errants – le danger réside dans la femme : les femmes aimantes sont leur perte. Presque personne n'a assez de caractère pour ne pas se laisser corrompre – « sauver », quand il se sent traité comme un dieu, – il *condescend* aussitôt jusqu'à la femme. – L'homme est lâche devant tout ce qui est éternellement féminin : c'est ce que savent les petites femmes. – Dans beaucoup de cas d'amour féminin, et peut-être précisément dans les plus célèbres, – l'amour n'est autre chose qu'un *parasitisme* plus raffiné, un moyen de se nicher dans une âme étrangère, parfois même dans une chair étrangère – hélas ! combien souvent au dépens de l'hôte ! –

On connaît le sort de Goethe dans cette Allemagne puritaine aux allures de vieille fille. Il fut toujours un scandale pour les Allemands, il n'eut d'admiratrices sincères que parmi les Juives. Schiller, le « noble » Schiller qui leur rebattait les oreilles avec de grands mots, – celui-là fut l'homme selon leur cœur. Que reprochaient-ils donc à Goethe ? La *Montagne de Vénus* et le fait d'avoir écrit des épigrammes vénitiennes. Déjà Klopstock lui prêcha la morale ; il y eut un temps où Herder, lorsqu'il parlait de Goethe, employait le mot « Priape ». Même *Wilhelm Meister* n'était considéré que comme un symptôme de décadence, comme signe d'une banqueroute morale. La « ménagerie des animaux apprivoisés », l'« indignité » du héros exaspérait Niebuhr par exemple : il finit par laisser échapper une lamentation que *Biterolf*[1] aurait pu psalmodier : « Rien ne produit plus facilement une impression douloureuse que lorsqu'un grand esprit se coupe les ailes pour exercer sa virtuosité au service d'un objet *infime*, en renonçant à *ce qui est élevé...* » Mais avant tout la jeune fille idéale se montrait indignée : toutes les petites cours, toutes les « Wartbourgs » d'Allemagne, de quelque espèce qu'elles soient, se signèrent devant Goethe, devant l'« esprit impur » qui était en Goethe. *Cette* histoire, Wagner l'a mise en musique. Il *sauve* Goethe, cela va de soi ; mais, avec une suprême adresse, de façon à prendre en même temps le parti de la jeune fille idéale. Goethe est sauvé : une prière le rachète, une jeune fille idéale l'*élève à elle...*

– Qu'est-ce que Goethe aurait bien pu penser de Wagner ? – Goethe s'est une fois demandé quel était le danger qui menaçait tous les Romantiques : quelle était la destinée des Romantiques. Voici sa réponse : « C'est l'asphyxie par le rabâchage de toutes les absurdités morales et religieuses. » En un mot : *Parsifal.* – Le philosophe y ajoute un épilogue : La *sainteté* – peut-être la dernière chose de valeur supérieure qui soit encore visible au peuple et à la femme, l'horizon de l'idéal pour tout ce qui est *myope* de nature. Mais pour les philosophes, tout horizon n'étant qu'un simple manque de compréhension, une manière de fermer les portes sur l'endroit où *leur* monde ne fait que commencer –, *leur* danger, *leur* idéal, *leur* aspiration... Pour parler d'une manière plus courtoise : *la philosophie ne suffit pas au grand nombre. Il lui faut la sainteté.* –

4.

– Je vais encore raconter l'histoire de l'*Anneau*. Sa place est ici. Elle aussi, elle est une histoire de rédemption : avec cette variante que cette fois, c'est Wagner qui est sauvé. – Wagner, durant la moitié de sa vie, a cru à la *Révolution*, comme seul un Français pourrait y croire. Il suivait ses traces dans les caractères runiques de la mythologie, il croyait découvrir en Siegfried le révolutionnaire typique. – « D'où vient tout le malheur dans le monde ? » s'est

---

[1] Personnage du *Tannhäuser*.

demandé Wagner. « D'anciennes conventions », répondit-il, comme tous les idéologues révolutionnaires. C'est-à-dire : des coutumes, des lois, des morales, des institutions, de tout ce qui sert de base au vieux monde, à la vieille société. Comment supprimer le mal dans le monde ? Comment supprimer la vieille société ? Il n'y a qu'un seul moyen : déclarer la guerre aux conventions (la tradition, la morale). *C'est ce que fait Siegfried.* Il commence de bonne heure, de très bonne heure : sa naissance est déjà une déclaration de guerre à la morale – il vient au monde grâce à l'adultère et à l'inceste... Ce n'est *pas* la légende, c'est Wagner qui a inventé ce trait radical ; sur ce point il a *corrigé* la légende... Siegfried continue comme il a commencé : il ne suit que la première impulsion, il démolit toute tradition, tout respect, toute crainte. Il abat ce qui lui déplaît. Il renverse sans respect toutes les vieilles divinités. Mais son entreprise générale tend à *émanciper la femme*, – à « délivrer Brunehilde »... Siegfried et Brunehilde, le sacrement de l'amour libre ; le commencement de l'Age d'or ; le crépuscule des dieux de la vieille morale ! – *le mal est aboli...* Le vaisseau de Wagner fila longtemps gaiement sur *cette* voie. Pas de doute, Wagner y cherchait *son* but le plus élevé. – Qu'arriva-t-il ? Un malheur. Le vaisseau de Wagner donna sur un écueil ; il se trouva immobilisé. L'écueil était la philosophie de Schopenhauer ; Wagner était immobilisé par une vue *opposée* du monde. Qu'avait-il mis en musique ? L'optimisme. Wagner fut confondu. Bien plus : un optimisme pour lequel Schopenhauer avait créé une cruelle épithète, – l'optimisme *sans vergogne.* La confusion de Wagner redoubla. Il réfléchit longuement, sa situation semblait désespérée... Enfin il vit s'entr'ouvrir une issue : l'écueil où il avait sombré, que serait-ce s'il en faisait un *terme projeté*, sa pensée de derrière la tête, la direction voulue de son voyage ? Sombrer ici – cela aussi était un but. *Bene navigavi, cum naufragium feci...* Et il se mit à traduire l'*Anneau* en langue schopenhauerienne. Tout va de travers, tout s'écroule, le nouveau monde est aussi mauvais que l'ancien : le *néant* de la Circé indoue fait signe... Brunehilde qui, d'après la pensée primitive, devait prendre congé de nous en chantant un hymne en l'honneur de l'amour libre, leurrant le monde au moyen de l'utopie socialiste du « tout ira bien », Brunehilde a maintenant autre chose à faire. Elle doit d'abord étudier Schopenhauer ; elle doit mettre en vers le quatrième livre du *Monde comme volonté et comme représentation...* Wagner était sauvé. En tout sérieux, c'était là une rédemption. Le bienfait dont Wagner est redevable à Schopenhauer est inappréciable. *Le philosophe de la décadence* a rendu à lui-même l'*artiste de la décadence.* –

5.

L'artiste de la décadence – voilà le mot. Et ici je commence à parler sérieusement. Je suis loin de demeurer spectateur inoffensif, quand ce *décadent* nous ruine la santé – et, avec la santé, la musique ? D'ailleurs, Wagner est-il vraiment un homme ? N'est-il pas plutôt une maladie ? Il rend malade tout ce qu'il touche, – *il a rendu la musique malade.* –

Un décadent typique qui se sent nécessaire avec son goût corrompu, dont il a la prétention de faire un goût supérieur, qui parvient à faire valoir sa corruption, comme une loi, comme un progrès, comme un accomplissement.

Et l'on ne se met pas en défense. Sa puissance de séduction atteint au prodige, l'encens fume autour de lui, les erreurs qui portent sur lui s'appellent « évangile » – il n'y a pas que *les pauvres d'esprit* qui se sont laissé persuader !

J'ai envie d'ouvrir un peu les fenêtres. De l'air ! Plus d'air ! –

Que l'on abuse sur Wagner en Allemagne, cela ne m'étonne pas. Le contraire me surprendrait. Les Allemands se sont fabriqué un Wagner qu'ils peuvent vénérer ; jamais encore ils n'ont été psychologues, ils expriment leur reconnaissance en comprenant de travers. Mais que l'on se soit également abusé sur Wagner à Paris, où l'on n'est pour ainsi dire plus autre chose que psychologue. Et à Saint-Pétersbourg ! où l'on pressent des choses que l'on ne devine même pas à Paris. Comme Wagner doit être parent de toute cette société européenne de *décadence*, pour ne pas être trouvé *décadent* par elle ! Il lui appartient : il est son protagoniste, son nom le plus illustre... On se fait honneur à soi-même en l'élevant dans les nuages. – Car le fait de ne pas se défendre contre lui est déjà un symptôme de *décadence*. L'instinct est atrophié. Ce que l'on devrait craindre c'est précisément ce qui attire. On porte aux lèvres ce qui mène encore plus vite à l'abîme. – Veut-on un exemple ? On n'a qu'à observer le régime que se prescrivent les anémiques, les goutteux ou les diabétiques. Définition du végétarien : un être qui a besoin d'une diète corroborative. Considérer ce qui est nuisible comme nuisible, *pouvoir* s'interdire quelque chose de nuisible, c'est encore un signe de jeunesse, de force vitale. L'épuisé se sent *attiré* par ce qui est nuisible : le végétarien par le légume. La maladie elle-même peut être un stimulant de vie : seulement il faut être assez sain pour ce stimulant ! – Wagner augmente l'épuisement : c'est *pour cela* qu'il attire les faibles et les épuisés. Oh ! la joie de serpent à sonnettes du vieux maître lorsqu'il vit venir à lui surtout les « petits enfants » ! –

Je mets en avant ce point de vue : l'art de Wagner est malade. Les problèmes qu'il porte à la scène – purs problèmes d'hystérie –, ce qu'il y a de convulsif dans ses passions, sa sensibilité irritée, son goût qui réclamait toujours des épices plus fortes, son instabilité qu'il travestit en principe, et particulièrement le choix de ses héros et de ses héroïnes, ceux-ci considérés comme types physiologiques (– une galerie de malades ! –) : tout cela réuni nous présente un tableau pathologique qui ne laisse aucun doute : *Wagner est un névrosé*. Rien n'est peut-être aujourd'hui plus connu, rien en tous les cas mieux étudié que le caractère protéiforme de la dégénérescence qui se *chrysalide* ici en un art et en un artiste. Nos médecins et nos physiologistes ont en Wagner leur cas le plus intéressant, tout au moins un cas très complet. Précisément parce que rien n'est plus moderne que cette maladie générale de tout l'organisme, cette décrépitude et cette surexcitation de toute la mécanique nerveuse, Wagner est *l'artiste moderne par excellence*, le Cagliostro de la modernité. En son art se trouve mêlé de la façon la plus séduisante ce qui est aujourd'hui le plus nécessaire à tout le monde, – les trois grands stimulants des épuisés, *la brutalité, l'artificiel, et l'innocence (l'idiotie)*.

Wagner est une grande calamité pour la musique. Il a deviné en elle un moyen pour exciter les nerfs fatigués, – c'est ainsi qu'il a rendu la musique malade. Son génie de l'invention se surpasse dans l'art d'aiguillonner les plus épuisés, de rappeler à la vie les demi-morts. Il est passé maître dans l'art des passes hypnotiques, il renverse comme des taureaux les plus forts. Le *succès* de Wagner – son succès sur les nerfs et par conséquent sur les femmes – a fait de tous les ambitieux du monde musical des disciples de son art occulte. Et non pas seulement les ambitieux, mais aussi les *malins*... De nos jours on ne fait de l'argent qu'avec de la musique malade ; nos grands théâtres vivent de Wagner.

6.

Je me permets de nouveau quelque récréation. Je suppose que le *succès* de Wagner pût prendre corps, qu'il revête une forme, se déguise en savant musicien et philanthrope, se mêle à de jeunes artistes. Comment croyez-vous qu'il pourrait s'exprimer ? –

Mes amis, dirait-il, quatre mots entre nous. Il est plus facile de faire de mauvaise musique que de bonne. Eh quoi ! si cela était aussi profitable, plus efficace, plus persuasif, plus enthousiasmant, plus certain ? plus *wagnérien ?... Pulchrum est paucorum hominum.* Cela est assez malheureux ! Nous comprenons le latin, nous comprenons peut-être aussi notre avantage. Le beau a ses épines : nous savons cela. Alors à quoi bon la beauté ? Pourquoi plutôt le grand, le sublime, le gigantesque, ce qui remue les *masses ?* – Et, encore une fois : il est plus facile d'être gigantesque que beau ; nous savons cela...

Nous connaissons les masses, nous connaissons le théâtre. L'élite de ce qui s'y trouve, adolescents germaniques, Siegfrieds cornus et autres wagnériens, a besoin du sublime, du profond, de l'écrasant. De tout cela nous sommes encore capables. Et le reste de l'assistance, les crétins de la civilisation, les petits blasés, les éternels-féminins, les gens qui digèrent avec bonheur, en un mot le *peuple* – a également besoin du sublime, du profond, de l'écrasant. Ils ont tous une seule logique. « Celui qui nous renverse est fort ; celui qui nous élève est divin ; celui qui suggère est profond. » – Décidons-nous, messieurs les musiciens, nous voulons les renverser, nous voulons les élever, nous voulons leur créer des suggestions. Nous sommes encore capables de tout cela.

Pour ce qui en est de suggérer des rêveries : c'est ici que notre idée du style a son point de départ. Avant tout, pas de pensée ! Rien n'est plus compromettant qu'une pensée ! Mais l'état d'âme qui précède la pensée ! La poussée de la pensée incréée, la promesse de la pensée future, le monde tel qu'il existait avant la création divine, – une recrudescence du chaos... Le chaos suggère des pressentiments...

Pour parler le langage du maître : l'infinité, mais sans mélodie.

En ce qui concerne, en second lieu, l'art de bouleverser, il appartient déjà, en partie, à la physiologie. Etudions avant tout les instruments. Quelques-uns d'entre eux émeuvent jusqu'aux entrailles (– *ils ouvrent* les portes pour parler avec Haendel), d'autres fascinent la moelle épinière. La couleur du son est décisive ; *ce qui* résonne est presque indifférent. Raffinons sur *ce* point. Pourquoi nous prodiguer ailleurs ? Dans le son, soyons caractéristiques jusqu'à la folie ! Si avec le son nous savons peupler l'imagination, notre esprit en tirera tout le bénéfice ! Agaçons les nerfs, assommons-les, manions la foudre et le tonnerre, – c'est cela qui renverse...

Mais c'est avant tout la *passion* qui renverse. – Entendons-nous sur la passion. On peut se passer de toutes les vertus du contrepoint, il est inutile d'avoir rien appris, – on sait toujours jouer de la passion ! La beauté est difficile : gardons-nous de la beauté !... Et surtout de la *mélodie* ! Calomnions, mes amis, calomnions, si nous tenons encore quelque peu à l'idéal, calomnions la mélodie. Rien n'est plus dangereux qu'une belle mélodie ! Rien ne perd plus sûrement le goût ! Nous sommes perdus, mes amis, si l'on aime de nouveau les belles mélodies!...

Axiome : la mélodie est immorale. *Démonstration* : Palestrina. *Moralité* : Parsifal. L'absence de mélodie sanctifie même...

Et voilà la définition de la passion. La passion – ou la gymnastique du laid sur la corde de l'enharmonique. – Osons, mes amis, osons être laids. Wagner l'a osé ! Remuons devant nous sans crainte le limon des harmonies les plus rebutantes ! Ne ménageons pas nos mains ! Ce n'est qu'ainsi que nous devenons *naturels*...

Un dernier conseil ! Peut-être résume-t-il tous les autres, – *Soyons idéalistes !* C'est ce que nous pouvons faire de plus sage, si ce n'est ce qu'il y a de plus raisonnable. Pour élever les hommes, il faut être élevé soi-même. Errons par-dessus les nuages, haranguons l'infini, plaçons autour de nous les grands symboles ! *Sursum ! Boumboum !* – il n'y a pas de meilleur conseil. Que la « poitrine gonflée » soit notre argument, le « beau sentiment » notre avocat. La vertu a raison même du contrepoint. « Celui qui nous rend meilleurs, comment ne serait-il pas bon lui-même ? » ainsi a toujours raisonné l'humanité. Rendons donc l'humanité meilleure ! – c'est ainsi que l'on devient bon (c'est ainsi que l'on devient même un « classique » – Schiller devint « classique »). La recherche des basses séductions des sens, la recherche de la prétendue beauté, a énervé les Italiens : demeurons allemands ! Mozart lui-même, dans ses rapports avec la musique – Wagner nous l'a dit en guise de consolation ! – était au fond frivole... Ne concédons jamais que la musique puisse « servir de délassement », qu'elle « égaye », qu'elle « fasse plaisir ». *Ne faisons jamais plaisir !* – nous sommes perdus si l'on en revient à l'idée de l'art hédonique... C'est là de mauvais XVIIIe siècle... Par contre rien ne serait plus salutaire, soit dit en aparté, qu'une certaine dose de – cagoterie, *sit venia verbo*. Cela donne de la dignité. – Et choisissons l'heure où il convient de voir noir, de soupirer en public, de soupirer chrétiennement, de faire étalage de la grande pitié chrétienne. « L'homme est perdu : qui le sauvera ? *comment sera-t-il sauvé ?* » – Ne répondons pas. Soyons circonspects. Mettons un frein à notre ambition qui voudrait fonder des religions. Mais personne ne doit douter que *nous* ne le sauvions, que *notre* musique seule ne sauve... (Voir le traité de Wagner : *La Religion et l'Art*.)

7.

Assez ! Assez ! Je crains qu'on ne reconnaisse trop clairement, sous mes saillies joyeuses, la sinistre réalité – l'image d'une déchéance de l'art, d'une déchéance aussi des artistes. Cette dernière, une déchéance de caractère, trouverait peut-être son expression provisoire dans la formule suivante : le musicien devient maintenant comédien, son art évolue toujours davantage vers l'art de *mentir*. J'aurai l'occasion (dans un chapitre de mon ouvrage principal qui porte le titre de *Contribution à la Physiologie de l'Art*), de montrer plus clairement que l'évolution générale de l'art, dans le sens du cabotinage, est une manifestation de la dégénérescence physiologique (plus exactement une forme de l'hystérie), tout aussi bien que chacune des corruptions et des infirmités de l'art inauguré par Wagner : par exemple l'instabilité de son optique qui force à changer continuellement de posture en face d'elle. On ne comprend rien à Wagner tant qu'on ne voit en lui qu'un jeu de la nature, un hasard, un caprice, un accident. Ce n'était pas un génie « à lacunes », « dévoyé » et « contradictoire », comme on a pu dire. Wagner était quelque chose de *complet*, un décadent type, à qui manque tout « libre arbitre », dont chaque trait répond à une nécessité. S'il y a quelque chose d'intéressant dans Wagner, c'est assurément la logique avec laquelle un vice physiologique se transforme en pratique, et en procédé, en innovation dans les principes en crise du goût, allant pas à pas, de conclusion en conclusion.

Je ne m'arrête cette fois qu'à la question du style. – Par quoi toute *décadence littéraire* est-elle caractérisée ? Par le fait que la vie ne réside plus dans l'ensemble. Le mot devient souverain et fait un saut hors de la phrase, la phrase grossit et obscurcit le sens de la page, la page prend vie au dépens de l'ensemble, – l'ensemble n'est plus un ensemble. Mais c'est là le signe pour tout style de *décadence* ; à chaque fois anarchie des atomes, désagrégation de la volonté, « liberté de l'individu », pour parler le langage de la morale, – et pour en faire une théorie politique : « droits égaux pour tous ». La vie, la même vitalité, la vibration et l'exubérance de la vie refoulées dans les organes les plus infimes, – le reste pauvre de vie. Partout la paralysie, la fatigue, la catalepsie, *ou bien* l'inimitié et le chaos : l'un et l'autre sautant toujours plus aux yeux à mesure que l'on monte vers les formes supérieures de l'organisation. L'ensemble est du reste entièrement dépourvu de vie : c'est une agglomération, une addition artificielle, un composé factice. –

Chez Wagner il y a au début des phénomènes d'hallucination, non pas des tons, mais des gestes. C'est pour les gestes qu'il cherche d'abord la sémiotique musicale. Si l'on veut l'admirer c'est ici qu'il faut le voir à l'œuvre : comme il décompose, comme il sépare en petites unités, comme il anime ces unités, comme il les fait ressortir, comme il les rend visibles ! Mais à cela s'épuise sa puissance : le reste ne vaut rien. Qu'il est misérable, embarrassé et novice, son art de « développement », l'effort qu'il fait pour entremêler du moins ce qui n'a pas poussé séparément. Sa manière de procéder rappelle celle des frères de Goncourt, dont le style ressemble à tant d'autres égards à celui de Wagner : on est pris d'une sorte de pitié en face d'une pareille faiblesse. Que Wagner ait déguisé sous couleur de principe son inaptitude à créer une forme organique, qu'il affirme un « style dramatique » là où nous ne voyons qu'une impuissance de style, tout cela répond bien à l'audacieuse habitude que Wagner garda toute sa vie : il établit un principe là où lui manque une faculté (– bien différent en cela – soit dit en passant – du vieux Kant qui avait l'habitude d'une autre hardiesse : c'était d'attribuer une « faculté » à l'homme partout où lui manquait un principe...). Je le répète : Wagner n'est digne d'admiration et d'amour que dans l'invention de ce qu'il y a de plus infime : la conception des détails, – on a toutes les raisons de le proclamer en ceci un maître de premier ordre, notre plus grand *miniaturiste* musical, qui fait tenir dans l'espace le plus petit une infinité d'intentions et de subtilités. Sa richesse de couleurs, de demi-teintes, de clartés mystérieuses et mourantes nous gâte tellement qu'après lui tous les autres musiciens nous paraissent trop robustes. – Veut-on m'en croire, il ne faut pas se faire la plus haute idée de Wagner d'après ce qui plaît actuellement en lui. Cela a été inventé pour séduire les masses, et nous nous en détournons comme nous ferions d'une fresque trop tapageuse. Que nous importe l'agaçante brutalité de l'ouverture du *Tannhäuser* ? ou bien le cirque des Walkyries ? Tout ce qui est devenu populaire dans la musique de Wagner, même en dehors du théâtre, est d'un goût douteux et fait pour pervertir le goût. La marche du *Tannhäuser* me semble suspecte de prud'homie ; l'ouverture du *Vaisseau fantôme*, c'est beaucoup de bruit pour rien ; le prélude de *Lohengrin* nous donne un premier exemple trop insidieux, trop bien réussi de la façon dont on hypnotise avec la musique (– je rejette toute musique dont l'ambition ne va pas plus loin que de séduire les nerfs). Mais abstraction faite du Wagner magnétiseur et peintre à la fresque, il existe encore un autre Wagner qui met de côté de petites choses précieuses : notre plus grand mélancolique en musique, plein d'œillades, de tendresses et de consolations que personne n'avait connues avant lui, le maître dans l'expression d'un bonheur mélancolique et assoupi... Un dictionnaire des mots les plus intimes de Wagner, rien que des phrases courtes de cinq à quinze mesures, toujours de la musique *que personne ne connaît...* Wagner avait la vertu des *décadents,* la pitié. – – –

8.

– « Très bien ! Mais comment ce décadent *peut*-il vous faire perdre le goût quand on n'est pas musicien soi-même, quand par hasard on n'est pas soi-même un *décadent* ? » – C'est tout le contraire ! Comment ne le peut-on pas ? Essayez donc un peu ! – Vous ne savez pas qui est Wagner : un comédien de premier ordre. Y a-t-il en général au théâtre un effet plus profond, plus puissant ? Voyez donc ces jeunes gens, – raidis, blafards, sans haleine ! Voilà des wagnériens : ils n'entendent rien à la musique, – et cependant Wagner les domine... L'art de Wagner exerce une pression de cent atmosphères : inclinez-vous, on ne peut faire autrement... Le comédien Wagner est un tyran, son pathos culbute n'importe quel goût, n'importe quelle résistance. – Qui donc possède cette puissance de persuasion des gestes, qui donc voit avec autant de netteté et avant tout l'attitude ! Cette oppression du pathos wagnérien, cet attachement implacable à un sentiment extrême, cette *longueur* effroyable dans des situations où l'attente d'un instant déjà vous étouffe !

Wagner était-il d'ailleurs un musicien ? Il était en tous les cas, *plus encore,* autre chose : un incomparable histrion, le plus grand des mimes, le génie de théâtre le plus étonnant que les Allemands aient jamais possédé, notre talent *scénique par excellence.* La place de Wagner est ailleurs que dans l'histoire de la musique : il ne faut pas le confondre avec les grands génies de cette histoire. Wagner et Beethoven – c'est là un blasphème – et en fin de compte une injustice même pour Wagner... En tant que musicien il n'était, somme toute, que ce qu'il était par essence : il *devint* musicien, il *devint* poète, puisque le tyran qu'il avait en lui, son génie de comédien, l'y forçait. On ne devine rien de Wagner tant qu'on n'a pas deviné son instinct dominant.

Wagner n'était *pas* musicien d'instinct. Il l'a prouvé en sacrifiant toute règle, et, pour parler plus nettement, tout style dans la musique, pour faire d'elle ce dont il avait besoin, une rhétorique théâtrale, un moyen d'expression, un renfort de mimique, de suggestion, de pittoresque psychologique. Wagner nous apparaît ici comme un inventeur et un novateur de premier rang – *il a augmenté à l'infini la puissance d'expression de la musique* – : il est le Victor Hugo de la musique considérée comme langage. En supposant toujours que la musique puisse, dans certaines circonstances, ne pas être de la musique, mais un langage, un outil, une *ancilla dramaturgica.* La musique de Wagner, si on lui retire la protection du goût théâtral, un goût très tolérant, est simplement de la mauvaise musique, la plus mauvaise qui ait peut-être jamais été faite. Lorsqu'un musicien ne sait plus compter jusqu'à trois, il devient musicien « dramatique », il devient « wagnérien »...

Wagner a presque découvert quelle magie peut être exercée même avec une musique incohérente et réduite en quelque sorte à sa forme élémentaire. La conscience qu'il avait de cela atteint des proportions lugubres, comme aussi son instinct de se passer de ces règles suprêmes qui sont le *style.* L'élémentaire *suffit* – du son, du mouvement, de la couleur, bref la matérialité de la musique. Wagner n'a jamais calculé comme musicien, avec une conscience de musicien : il veut l'effet, il ne veut rien que l'effet. Et il connaît bien l'élément sur lequel il doit produire cet effet ! – Il possède en cela l'absence de scrupule que possédait Schiller, que possède tout homme de théâtre, et aussi ce mépris du monde qu'il met à ses pieds !... On est

11

comédien lorsque l'on a sur le reste de l'humanité un avantage : c'est de s'être rendu compte que ce qui doit produire une impression de vérité ne doit pas être vrai. Cette phrase a été formulée par Talma : elle contient toute la psychologie du comédien, elle contient aussi – n'en doutons pas, la morale du comédien. La musique de Wagner n'est jamais vraie.

– Mais on la tient pour telle : et il doit en être ainsi. –

Tant que l'on reste naïf, et aussi wagnérien, on croit à la richesse de Wagner, on le considère comme un prodige de dissipation, et même comme un grand propriétaire terrien dans le domaine des sons. On admire en lui ce que des jeunes gens français admirent en Victor Hugo, la « prodigalité royale ». Plus tard on les admire, l'un et l'autre, pour des motifs contraires : comme maîtres et modèles d'économie, comme de *prudents* amphitryons. Personne ne les égale dans l'art de présenter à peu de frais une table princièrement garnie. – Le wagnérien, avec son estomac crédule, se rassasie même des illusions de nourriture que son maître lui présente en magicien. Nous autres qui, dans les livres comme dans la musique, réclamons avant tout la substance, et qui ne saurions nous contenter de tables « représentées », nous nous en trouvons beaucoup plus mal. Pour parler plus clairement : Wagner ne nous donne pas assez à mettre sous la dent. Son *recitativo* – peu de viande, pas mal d'os et beaucoup de bouillon – j'appelle ce récitatif « *alla genovese* » : par quoi je n'entends pas du tout être aimable pour les Génois, mais bien pour le *vieux recitativo,* – le *recitativo secco.* Pour ce qui en est des « *leitmotive* » wagnériens, toute connaissance culinaire me fait défaut pour eux. Je leur donnerais, peut-être, si l'on m'y forçait, la valeur de cure-dents idéaux, une sorte d'occasion de se débarrasser de *restes* d'aliments. Il y a encore les « airs » de Wagner. – Et maintenant je ne dis plus un mot.

9.

Même dans l'ébauche de l'action, Wagner est avant tout comédien. Ce qui lui apparaît tout d'abord, c'est une scène d'un effet absolument certain, une véritable *action*[1] avec un *haut-relief* des gestes, une scène qui *renverse* – cette scène il en approfondit l'idée, c'est d'elle seulement qu'il déduit les caractères. Tout le reste en dérive, conformément à une économie technique qui n'a aucune raison d'être subtile. Ce n'est pas le public de Corneille que Wagner a dû ménager : il n'a affaire qu'au XIXe siècle. Wagner jugerait à peu près de « la seule chose nécessaire » comme en juge aujourd'hui tout autre comédien : une série de scènes fortes, les unes plus fortes que les autres, – et, parmi tout cela, beaucoup d'*habiles* stupidités. Il cherche d'abord à se garantir à lui-même l'effet de son œuvre, il commence par le troisième acte, il *fait*

---

[1] REMARQUE. Ç'a été un vrai malheur pour l'esthétique que l'on ait toujours traduit le mot *drame* par « *action* ». Wagner n'est pas le seul à se tromper ici ; tout le monde est encore dans l'erreur ; même les philologues qui devraient être mieux renseignés. Le drame antique avait en vue de grandes *scènes pathétiques,* – il écartait précisément l'action (il la reléguait *avant* le commencement, ou *derrière* la scène). Le mot drame est d'origine dorienne : et dans le langage usuel des Doriens il signifie « événement », « histoire », les deux mots pris dans un sens hiératique. Le drame le plus ancien représentait la légende locale, « l'histoire sacrée » sur laquelle reposait l'institution du culte (– donc pas d'action, mais un événement : δρᾶν en dorien ne signifie pas du tout « agir »). (Note de Nietzsche.)

la preuve de son œuvre, par l'effet final qu'elle produit. Avec une pareille entente du théâtre comme fil conducteur on n'est pas en danger de faire un drame sans s'en douter. Le drame exige une *dure* logique : mais qu'importait à Wagner la logique ! Encore une fois : ce n'était *pas* le public de Corneille qu'il avait à ménager : il n'avait devant lui que des Allemands ! On sait à quel problème le dramaturge met toute sa force et parfois sue sang et eau : il faut donner à l'intrigue la *nécessité*, la donner de même au dénouement, de telle sorte que tous deux ne soient possibles que d'une seule manière, que tous deux produisent l'impression de la liberté (principe du moindre effort). Eh bien, à cela Wagner sue le moins de sang possible, il est certain que pour compliquer et pour défaire les intrigues il fait le moindre effort. Qu'on prenne sous le microscope n'importe quelle « intrigue » de Wagner – il y aura de quoi rire, je vous le promets. Rien n'est plus réjouissant que l'intrigue de *Tristan*, si ce n'est l'intrigue des *Maîtres Chanteurs*. Wagner n'est pas un dramaturge, qu'on ne s'y laisse pas prendre. Il aime le mot « drame » : voilà tout, – il a toujours aimé les mots sonores. Le mot « drame », dans ses écrits, n'est malgré cela qu'un simple malentendu (– et *aussi* une habileté : Wagner fit toujours le grand seigneur vis-à-vis du mot « opéra » –) ; à peu près comme le mot « esprit » dans le Nouveau Testament n'est qu'un malentendu. – Il n'était déjà pas assez psychologue pour le drame ; il se dérobait instinctivement à la motivation psychologique – comment cela ? en mettant toujours l'idiosyncrasie à sa place... Bien moderne, n'est-ce pas ? bien parisien ! bien *décadent* !... Les *intrigues*, soit dit en passant, les intrigues que Wagner sait réellement dénouer à l'aide de ses inventions dramatiques, sont de tout autre nature. Je donne un exemple. Supposons que Wagner ait besoin d'une voix de femme. Un acte entier *sans* voix de femme – cela ne va pas ! Mais pour le moment aucune des « héroïnes » n'est libre. Que fait Wagner ? Il émancipe la plus vieille femme du monde, Erda : « Montez donc, vieille grand-mère ! il faut chanter ! » Erda chante. Le but de Wagner est atteint. Aussitôt il nous débarrasse de la vieille dame. « Pourquoi êtes-vous donc venue ? Retirez-vous ! Continuez, je vous prie, à dormir. » En résumé une scène pleine de frissons mythologiques, qui fait que le wagnérien *pressent...*

– « Mais le *contenu* des textes wagnériens ! leur contenu mythique, leur contenu éternel ! » – Question : comment analyse-t-on ce contenu, ce contenu éternel ? – Le chimiste répond : on traduit Wagner dans le réel, dans le moderne, – soyons plus cruels encore ! dans le bourgeois ! Qu'advient-il alors de Wagner ? Entre nous, je l'ai essayé. Rien n'est plus divertissant, rien n'est plus à recommander aux promeneurs, que de se raconter Wagner en proportions *rajeunies* : par exemple, Parsifal comme candidat en théologie, ayant passé par l'enseignement d'un lycée (– ce dernier point est indispensable pour la *pure insanité*). Quelle surprise est alors la vôtre ! Le croiriez-vous, toutes les héroïnes de Wagner, sans exception, aussitôt qu'on les a débarrassées de leur affublement héroïque, ressemblent à s'y méprendre à Mme Bovary ! – On comprendra que réciproquement il était *loisible* à Flaubert de traduire son héroïne en scandinave ou en carthaginois, pour l'offrir ensuite, ainsi mythologisée, pour servir de livret, à Wagner. Oui, tout compte fait, Wagner ne semble pas s'être intéressé à d'autres problèmes qu'à ceux qui intéressent aujourd'hui les petits Parisiens *décadents*. Toujours à cinq pas de l'hôpital ! Véritables problèmes modernes ! véritables problèmes de *grandes villes* ! n'en doutez pas !... Avez-vous remarqué (cela appartient à cet ordre d'idées), que les héroïnes de Wagner n'ont pas d'enfants ?

– Elles ne *peuvent* pas en avoir... Le désespoir que Wagner a mis à attaquer le problème de faire naître enfin Siegfried montre combien sa façon de sentir sur ce point était moderne. – Siegfried « émancipe la femme » – mais sans espoir de postérité. – Et voici, pour finir, un fait qui nous laisse rêveur : Parsifal est le père de Lohengrin ! Comment s'y est-il pris ? – Faut-il se rappeler ici que « la chasteté fait des miracles » ?...

10.

Encore un mot, en passant, sur les écrits de Wagner : ils sont, entre autres choses, une école de *prudence*. Le système de procédure de Wagner peut être employé dans cent autres cas, – que celui qui a des oreilles entende. Peut-être aussi aurai-je quelque droit à la reconnaissance publique en donnant une expression précise des trois procédés les plus précieux.

Tout ce que Wagner ne peut *pas*, est méprisable.

Wagner pourrait encore bien des choses : mais il ne les veut pas, par rigueur de principe.

Tout ce que peut Wagner, personne ne le fera après lui, personne ne l'a fait avant lui, personne ne *devra* le faire après lui... Wagner est divin...

Ces trois thèses sont la quintessence de la littérature de Wagner ; le reste est – « littérature ».

Toute musique n'a pas eu jusqu'ici besoin de littérature : on fera bien d'en chercher ici la raison suffisante... Serait-ce que la musique de Wagner soit trop difficile à entendre ? Ou bien craignait-il, au contraire, qu'on la comprît trop facilement, – qu'on ne la comprît *pas assez difficilement ?* De fait, il a passé toute sa vie à répéter cette phrase : que sa musique ne signifie pas seulement de la musique ! Mais bien davantage ! Mais infiniment davantage !... « Ce n'est *pas* que de la musique » – ainsi ne parle aucun musicien. Je le répète, Wagner ne pouvait créer de toute pièce, il n'avait pas le choix, il devait faire des œuvres décousues, des « motifs », des attitudes, des formules, des redoublements, des complications ; il demeura rhéteur en tant que musicien, – il lui *fallut* donc, par principe, mettre au premier plan son : « cela signifie... ». « La musique n'est jamais qu'un moyen » : c'était là sa théorie, c'était là, avant tout, la seule *pratique* qui lui fût possible. Mais aucun musicien ne pense ainsi. – Wagner avait besoin de littérature, pour persuader à tout l'univers de prendre sa musique au sérieux, de la croire profonde « parce qu'elle *signifie* l'infini » ; il fut toute sa vie le commentateur de « l'idée ». – Que signifie Elsa ? Il n'y a à cela aucun doute : Elsa est « le génie inconscient du peuple ». (– « En me rendant compte de cela, je devins nécessairement un parfait révolutionnaire » –.)

Souvenons-nous que Wagner était jeune au temps où Hegel et Schelling égaraient les esprits ; qu'il devina, qu'il saisit à pleines mains ce que seuls les Allemands prennent au sérieux – « l'Idée », je veux dire quelque chose d'obscur, d'incertain, de mystérieux ; que chez les Allemands la clarté est une objection et la logique une réfutation. Schopenhauer, avec dureté, a accusé de déloyauté l'époque de Hegel et de Schelling, – avec dureté, mais aussi avec injustice : lui-même, le vieux faux-monnayeur pessimiste, ne s'y est pas pris « plus loyalement » que ses contemporains plus célèbres. Laissons la morale hors de cause : Hegel est un *goût*... et non pas seulement un goût allemand, mais un goût européen ! – Un goût que Wagner a compris ! – pour lequel il se sentit né ! qu'il a immortalisé ! – Il en fit seulement l'application à la musique – il s'inventa un style, qui signifiait « l'infini », – il devint *l'héritier de Hegel*... La musique comme « Idée ». – –

14

Et comme on comprit Wagner ! – La même catégorie d'hommes qui s'enthousiasmait pour Hegel, s'enthousiasme aujourd'hui pour Wagner ; dans son école, on *écrit* même à la manière de Hegel ! – Avant tout il a été compris par l'adolescent allemand. Les deux mots « infini » et « signification », à eux seuls lui suffirent : il en éprouva un bien-être incomparable. Ce n'est pas avec la musique que Wagner a conquis les jeunes gens, c'est avec l' « *idée* » : – c'est la richesse en énigmes de son art, son jeu de cache-cache entre cent symboles, la polychromie de son idéal qui amena et attira ces jeunes gens à Wagner ; c'est le génie nuageux de Wagner, sa manière de saisir, de glisser, de frôler dans les airs, d'être à la fois partout et nulle part, exactement le même procédé qu'employa Hegel pour séduire et pour attirer son époque ! – Au milieu de la multiplicité, de la plénitude et de l'arbitraire de Wagner ces jeunes gens se croient justifiés devant eux-mêmes, – ils se croient « sauvés » –. Ils écoutent en tremblant comme dans son art les *grands symboles* se font entendre comme un léger grondement de tonnerre venant des brumes lointaines ; ils ne s'impatientent pas quand parfois cet art devient gris, horrible et froid. Ne sont-ils pas, tout comme Wagner lui-même, *de la même espèce* que le mauvais temps, le temps d'Allemagne ! Wotan est leur dieu : mais Wotan est le dieu du mauvais temps... Ils ont raison, ces jeunes gens allemands, puisqu'ils sont ainsi faits : comment pourraient-ils regretter l'absence de ce que, nous autres *Alcyoniens*, nous regrettons chez Wagner – la *gaya scienza* ; les pieds légers ; l'esprit, le feu, la grâce ; la grande logique ; la danse des étoiles ; l'insolente spiritualité ; les frissons de lumière du Midi ; la mer *unie* – la perfection...

11.

J'ai expliqué quelle est la place de Wagner – ce n'est *pas* l'histoire de la musique. Que signifie-t-il malgré cela dans cette histoire ? *L'avènement du comédien dans la musique* : événement capital qui donne à penser et peut-être aussi à craindre. Sa formule c'est « Wagner et Liszt ». – Jamais encore la loyauté des musiciens, leur « authenticité », ne fut si dangereusement mise à l'épreuve. On peut le toucher du doigt : le grand succès, le succès auprès des masses n'est plus du côté de l'authenticité, – il faut être comédien pour l'obtenir ! Victor Hugo et Richard Wagner – ils signifient une seule et même chose : que dans les civilisations de décadence, partout où le pouvoir souverain tombe entre les mains des masses, l'authenticité devient superflue, nuisible, elle met à l'écart. Le comédien seul éveille encore le *grand* enthousiasme. Ainsi se lève *l'âge d'or* pour le comédien, – pour lui et pour tout ce qui est de son espèce. Wagner marche, avec fifres et tambours, à la tête de tous les artistes du discours, de l'interprétation, de la virtuosité ; il a d'abord convaincu les chefs d'orchestre, les machinistes et les chanteurs de théâtre. N'oublions point les musiciens d'orchestre : – il « sauva » ceux-ci de l'ennui... Le mouvement que Wagner a créé s'étend même dans le domaine de la connaissance : des sciences spéciales tout entières surgissent lentement d'une scolastique séculaire. Pour citer un exemple, je relève tout particulièrement les mérites de *Hugo Riemann* en ce qui concerne la rythmique ; il est le premier qui ait fait valoir pour la musique l'idée fondamentale de la ponctuation (malheureusement en lui donnant un vilain nom : il l'appelle « phraséologie »). – Tous ceux-là sont, je le dis avec reconnaissance, les meilleurs admirateurs de Wagner, les plus estimables, c'est simplement leur droit de vénérer Wagner. Le même instinct les relie entre eux, ils voient en lui leur type le plus élevé, ils se sentent métamorphosés en puissance, en grande puissance, depuis qu'il les a enflammés de sa propre ardeur. Car c'est ici, si elle le fut jamais, que l'influence de Wagner a vraiment été bienfaisante. Jamais encore, dans cette sphère, on n'avait autant pensé, autant voulu, autant travaillé. Wagner a donné a tous ces artistes une conscience nouvelle : ce qu'ils exigent à présent d'eux-mêmes, ce qu'ils *obtiennent* d'eux-mêmes, ils ne l'avaient jamais exigé avant Wagner, – ils étaient auparavant bien trop modestes. Un esprit différent règne au théâtre depuis que l'esprit de Wagner y règne : on exige ce qu'il y a de plus difficile, on blâme durement, on loue rarement, – le bon, l'excellent sert de règle. On n'a plus besoin de goût ; ni même de voix. On ne chante Wagner qu'avec une voix abîmée : cela fait un effet « dramatique ». Même les dons naturels sont exclus. L'expressif à tout prix, tel que l'exige l'idéal wagnérien, l'idéal de la décadence, fait mauvais ménage avec les dons naturels. Il n'y faut que de la *vertu* – c'est-à-dire du dressage, de l'automatisme, du « renoncement ». Ni goût, ni voix, ni talent : le théâtre de Wagner n'a besoin que d'une seule chose – *des Germains !...* Définition des Germains : obéissance et longues jambes... Il y a un sens profond dans le fait que l'avènement de Wagner soit contemporain de l'avènement de l' « Empire » : ces deux faits n'indiquent qu'une seule et même chose – obéissance et longues jambes. – Jamais on n'a mieux obéi, jamais on n'a mieux commandé. Les chefs d'orchestre wagnériens en particulier sont dignes d'un siècle que la postérité appellera un jour avec piété *le siècle classique de la guerre.* Wagner s'entendait à commander ; en cela aussi il a été un grand maître. Il commandait par son implacable volonté de soi, par une perpétuelle discipline, dont il était la réelle incarnation : Wagner fournit peut-être, dans l'histoire de l'art, le plus grand exemple de l'empire sur soi-même (– Alfieri, lui-même, son proche parent quant au reste, est encore dépassé. Remarque d'un Turinois.)

12.

De cette constatation que nos comédiens sont plus respectés que jamais, n'allons pas conclure qu'ils sont moins dangereux... Mais qui donc aurait encore des doutes sur *ce que* je veux, – sur *les trois revendications* en vue desquelles ma fureur, mon inquiétude, mon amour pour l'art m'ont ouvert la bouche ?

Que le théâtre ne soit plus le maître des arts.
Que le comédien ne soit plus le séducteur des artistes authentiques.
Que la musique ne soit plus un art du mensonge.

POST-SCRIPTUM

    – La gravité de ces dernières paroles m'autorise à communiquer ici quelques passages d'un traité inédit, qui dissiperont au moins tous les doutes sur le sérieux que je mets en cette matière. Ce traité a pour titre : *Ce que Wagner nous coûte.*

    L'adhésion à Wagner se paye cher. Nous en avons aujourd'hui encore l'obscur sentiment. Le succès même de Wagner, sa victoire, ne déracine pas ce sentiment. Mais autrefois il était robuste, terrible, tel une haine sourde, – et il dura presque pendant les trois quarts de la vie de Wagner. Cette résistance qu'il trouva chez nous autres Allemands ne saurait être trop hautement estimée et mise en honneur. On se défendait contre lui comme contre une maladie, – *non pas* avec des arguments – on ne réfute pas une maladie –, mais avec des obstacles, de la méfiance, de la mauvaise humeur, du dégoût, avec une sombre gravité, comme s'il se cachait en lui un grand danger. Messieurs les esthéticiens se sont mis à découvert, lorsque, en s'appuyant sur trois écoles de la philosophie allemande, ils ont fait une guerre absurde de « si » et de « mais » aux principes de Wagner, – qu'importait à Wagner les principes, même les siens ! – Les Allemands eux-mêmes ont eu assez d'intelligence dans l'instinct pour s'interdire ici tous les « si » et les « mais ». Un instinct s'affaiblit lorsqu'il se rationalise car, par cela même qu'il se rationalise, il s'affaiblit. S'il y a des symptômes indiquant que malgré le caractère général de la *décadence* européenne il existe encore un degré de santé, un flair instinctif du nuisible, du danger menaçant l'esprit allemand, je voudrais voir dépréciée parmi eux le moins possible cette sourde résistance contre Wagner. Elle nous fait honneur, elle nous permet même des espérances : ce n'est pas la France qui aurait autant de santé à mettre en avant. Les Allemands, les *retardataires par excellence* au cours de l'histoire, sont aujourd'hui le peuple civilisé le plus arriéré de l'Europe : cela a un avantage, – par cela même ils sont relativement le plus *jeune.*

    L'adhésion à Wagner se paye cher. Cette espèce de crainte qu'ils ressentaient pour lui, les Allemands ne l'ont désapprise que depuis peu, – le désir de *s'en débarrasser* leur venait à toute occasion[1]. – Se souvient-on encore d'une curieuse circonstance où, tout à fait à la fin,

---

[1] REMARQUE. – Wagner est-il en somme un Allemand ? On a quelque raison de se le demander. Il est difficile de découvrir chez lui un seul trait allemand. Comme un grand assimilateur qu'il était, il a appris à imiter beaucoup de choses allemandes – voilà tout. Son caractère est même *en contradiction* avec tout ce qu'on avait là considéré comme allemand : pour ne pas parler de musicien allemand ! – Son père était un comédien qui s'appelait Geyer. Un Geyer (vautour) est déjà presque un Adler (aigle)... Ce qui a été mis en circulation jusqu'ici comme « Vie de Wagner » est *fable convenue*, sinon pis que cela. J'avoue ma méfiance à l'égard de tous les points que Wagner a été seul à avancer. Il n'avait pas assez de fierté pour dire des vérités sur lui-même, personne ne fut moins fier ; il demeura, tout à fait

cette ancienne manière de sentir revint à la surface d'une façon inattendue ? Aux funérailles de Wagner la première société wagnérienne d'Allemagne, celle de Munich, déposa sur sa tombe une couronne dont *l'inscription* devint aussitôt célèbre. Elle portait : « Rédemption au Rédempteur ! » Chacun admira l'inspiration élevée qui avait dicté cette inscription, ce bon goût dont les partisans de Wagner ont le privilège ; mais il y en eut beaucoup aussi (ce fut assez étrange !) qui firent cette petite correction : « Rédemption *du* Rédempteur. » On respira.

L'adhésion à Wagner se paye cher ! Mesurons-la à son effet sur la culture. Qui donc l'agitation créée par Wagner a-t-elle amené au premier plan ? Qu'a-t-elle développé sur une toujours plus grande échelle ? — Avant tout l'arrogance des profanes, des idiots en matière d'art. Cela vous organise à présent des Sociétés, cela veut imposer son « goût », cela voudrait même jouer à l'arbitre *in rebus musicis et musicantibus*. En second lieu : une indifférence toujours plus grande à l'égard de toute discipline sévère, noble et consciencieuse au service de l'art ; la foi au génie en tient la place, plus clairement, l'impudent dilettantisme (— on en trouve la formule dans les *Maîtres Chanteurs*). En troisième lieu et c'est là ce qu'il y a de pire : la *Théâtrocratie* —, la folie d'une croyance en la *préséance* du théâtre, au droit de souveraineté du théâtre sur les arts, sur l'art... Mais il faut dire cent fois à la face des wagnériens *ce qu'est* le théâtre : ce n'est jamais qu'une manifestation *au-dessous* de l'art, quelque chose de secondaire, quelque chose qui est devenu plus grossier, quelque chose qui s'adapte au goût des masses lorsqu'on l'a faussé pour elles. A cela Wagner, lui aussi, n'a rien changé : Bayreuth est grand opéra — et pas même *bon* opéra... Le théâtre est une forme de la démocratie en matière de goût, le théâtre est un soulèvement des masses, un plébiscite contre le bon goût... *C'est précisément ce que prouve le cas Wagner* : il a gagné les masses, — il a perverti le goût, il a même perverti notre goût pour l'opéra! —

L'adhésion à Wagner se paye cher. Que fait-elle de l'esprit ? *Wagner affranchit-il l'esprit ?* — Toutes les équivoques, toutes les ambiguïtés lui conviennent, et, en général, tout ce qui persuade les indécis, sans qu'ils aient conscience du *pourquoi* de la séduction. Avec cela Wagner est un séducteur de grand style. Il n'y a, sur le domaine de l'esprit, ni fatigue, ni décrépitude, ni chose mortelle, destructive de l'instinct vital qui n'ait été secrètement protégée par son art, — il dissimule le plus noir obscurantisme dans les replis lumineux de l'idéal. Il flatte tous les instincts nihilistes (— bouddhistes) et les travestit en musique, il flatte toute espèce de christianisme, toute expression religieuse de la *décadence*. Qu'on ouvre les oreilles : tout ce qui a jamais poussé sur le sol de la vie *appauvrie*, tout le faux-monnayage de la transcendance et de l'au-delà a trouvé dans l'art de Wagner son interprète le plus sublime — *non pas* par des formules : Wagner est trop malin pour employer des formules — mais par une séduction de la sensualité qui de son côté s'en prend de nouveau à l'esprit pour le ramollir et le fatiguer. La musique devenue Circé... Sa dernière œuvre est en cela son plus grand chef-d'œuvre. Le *Parsifal* conservera éternellement son rang dans l'art de séduction, comme le *coup de génie* de la séduction... J'admire cette œuvre, j'aimerais l'avoir faite moi-même ; faute de l'avoir faite *je la comprends*... Wagner n'a jamais été mieux inspiré qu'à la fin de sa vie. Le raffinement dans l'alliage de la beauté et de la maladie atteint ici une telle perfection qu'il projette en quelque sorte une ombre sur l'art antérieur de Wagner : — cet art nous paraît trop lumineux, trop sain. Comprenez-vous cela ? La santé, la lumière agissant comme si elles étaient des ombres ? presque comme des *objections* ? Nous voilà déjà sur le point de devenir

---

comme Victor Hugo, fidèle à lui-même, aussi pour ce qui touche sa biographie, — il demeura comédien. (Note de Nietzsche.)

de *purs insensés*... Jamais il n'y a eu de plus grand maître dans l'art des senteurs lourdes et hiératiques, – jamais il n'y eut plus grand connaisseur dans le domaine de l'infiniment *petit*, des frissons de l'immensité, de tout ce qu'il y a de féminité dans le vocabulaire du bonheur ! – Buvez donc, mes amis, buvez les philtres de cet art. Vous ne trouverez nulle part une manière plus agréable d'énerver vos esprits, d'oublier votre virilité sous un buisson de roses... Ah ! ce vieux magicien ! Ce Klingsor de tous les Klingsors ! Comme il sait bien *nous* faire la guerre ! à nous, les esprits libres ! Comme il parle au gré de toutes les lâchetés de l'âme moderne, avec ses accords de magicienne ! – Jamais encore la connaissance n'a inspiré une telle *haine à mort* ! Il faut être un cynique pour ne pas succomber ici, il faut savoir mordre pour adorer ici. Allons ! vieil enchanteur ! Le cynique te prévient – *cave canem...*

L'adhésion à Wagner se paye cher. J'observe les jeunes gens qui furent longtemps exposés à son infection. L'action la plus immédiate qu'il exerce, action relativement innocente, c'est son influence sur le goût. Wagner agit comme l'absorption continue de boissons alcooliques. Il émousse, il empâte l'estomac. Effet spécifique : dégénérescence du sentiment rythmique. Le wagnérien finit par appeler rythmique ce que moi-même, avec un proverbe grec, j'appelle « remuer le marais ». Bien plus redoutable encore est la perversion des idées. Le jeune homme devient un môle, – un « idéaliste ». Il se croit au-dessus de la science ; à cet égard il est à la hauteur du maître. En revanche il fait le philosophe ; il écrit des *Feuilles de Bayreuth* ; il résout tous les problèmes au nom du Père, du Fils et du Saint-Maître. Pourtant ce qu'il y a de plus inquiétant, c'est encore la perversion des nerfs. Promenez-vous la nuit à travers une grande ville : partout on entend violer des instruments avec une rage solennelle, – un hurlement sauvage se mêle à cela. – Que se passe-t-il ? – Les jeunes gens adorent Wagner... Bayreuth rime avec établissement d'hydrothérapie. – Télégramme typique de Bayreuth : *Bereits bereut* (déjà des regrets[1]). – Wagner est nuisible aux jeunes gens ; il est néfaste pour les femmes. Médicalement parlant, qu'est-ce qu'une wagnérienne ? – Il me semble qu'un médecin ne saurait pas assez poser aux jeunes femmes ce cas de conscience : L'un *ou* l'autre. – Mais elles ont déjà fait leur choix. On ne peut servir deux maîtres à la fois, lorsque l'un d'eux s'appelle Wagner. Wagner a sauvé la femme ; pour l'en récompenser elle lui a construit Bayreuth. Sacrifice, abandon complet : on ne possède rien qu'on ne lui donnerait. La femme s'appauvrit au profit du maître, elle devient touchante, elle se met nue devant lui. – La wagnérienne – équivoque gracieuse entre toutes : elle incarne la cause de Wagner, – *in hoc signo* Wagner *triomphe...* Ah ! le vieux brigand ! Il nous ravit nos jeunes gens, il nous ravit aussi nos femmes, pour les entraîner dans sa caverne... Ah ! le vieux minotaure ! Combien nous a-t-il déjà coûté ! Tous les ans il amène dans son labyrinthe des trains bondés des plus belles filles, des plus beaux jeunes gens, afin de les y dévorer, – chaque année l'Europe entière entonne ce cri : « En route pour la Crète ! En route pour la Crète ! »...

---

[1] Ce télégramme fameux fut lancé, prétend-on, par M. Paul Lindau. Il y a un jeu de mots sur la ressemblance euphonique entre les mots *Bayreuth* et *Bereits bereut.* – N. du T.

SECOND POST-SCRIPTUM

– Ma lettre, semble-t-il, est exposée à un malentendu. Sur certains visages apparaissent les plis de la gratitude ; une modeste allégresse. Je préférerais ici, comme en beaucoup de choses, être compris. – Mais depuis qu'un nouvel animal ravage les vignes de l'esprit allemand, je veux parler du ver de l'Empire, le célèbre *Rhinoxera*, plus une seule de mes paroles n'est comprise. La *Gazette de la Croix*, elle-même, me l'affirme, pour ne point parler du *Centralblatt littéraire*. – J'ai donné aux Allemands le livre le plus profond qu'ils possèdent – c'est une raison suffisante pour qu'ils n'en comprennent pas un mot... Si dans *cet* écrit je fais la guerre à Wagner – et incidemment à un « goût » allemand –, si j'ai de dures paroles pour le crétinisme de Bayreuth, ce n'est pas que je veuille le moins du monde faire fête à un *autre* musicien. *D'autres* musiciens n'entrent pas en ligne de compte à côté de Wagner. De toutes les façons cela va mal. La décrépitude est générale. La maladie a des origines profondes. Si le renom d'avoir *ruiné la musique* reste à Wagner, comme Bernini garde celui d'avoir ruiné la sculpture, ce n'est pas, à vrai dire, la faute à Wagner. Il n'a fait qu'accélérer le mouvement, – il est vrai, d'une manière telle que l'on s'arrête avec effroi devant cet abîme, devant cet écroulement soudain. Il avait la naïveté de la *décadence* : ce fut là sa supériorité. Il y croyait, il ne s'arrêtait devant aucune logique de la *décadence*. Les autres hésitent – c'est ce qui les distingue. Pas autre chose !... J'énumère ce qu'il y a de commun entre Wagner et « les autres » : l'abaissement de la force organisatrice ; l'abus des moyens traditionnels, sans la capacité qui en *justifie* l'emploi ; le faux-monnayage dans l'imitation des grands modèles pour qui aujourd'hui personne n'est assez fort, assez fin, assez sûr de soi, assez *bien portant* ; l'excès de vitalité dans les détails ; la passion à tout prix ; le raffinement comme expression de la vie *appauvrie* ; toujours plus de nerfs en place de la chair. – Je ne connais qu'un seul musicien qui soit capable aujourd'hui de tailler une ouverture *en plein bois* : et personne ne le connaît... Ce qui est célèbre aujourd'hui, comparé à Wagner, ne fait pas de « meilleure » musique, mais seulement de la musique plus indécise, plus indifférente : – plus indifférente parce que l'incomplet est démoli *par la seule existence du complet*. Mais Wagner était quelque chose de complet ; il était la corruption complète ; Wagner était le courage, la volonté, *la conviction* dans la corruption –, qu'importe après cela Johannes Brahms !... Son succès repose sur un malentendu allemand : on le prit comme antagoniste de Wagner – on avait *besoin* d'un antagoniste ! – Cela ne vous fait pas de la musique *indispensable*, cela vous fait avant tout beaucoup trop de musique ! – Quand on n'est pas riche il faut avoir la fierté de la pauvreté !... La sympathie que Brahms inspire indéniablement çà et là, abstraction faite des intérêts de partis, des malentendus de partis, fut longtemps une énigme pour moi : jusqu'à ce que je découvrisse enfin, presque par hasard, qu'il agissait sur un certain type d'hommes. Il a la mélancolie de l'impuissance ; il ne crée pas d'abondance, il a soif d'abondance. Si l'on déduit ses imitations, les emprunts qu'il fait aux formes stylistiques des grands maîtres anciens et des exotiques modernes – il est passé maître en plagiat – il reste à son actif le *désir infini*... C'est ce que devinent les langoureux et les satisfaits de toute espèce. Il est trop peu personnel, trop peu concentré... C'est ce que comprennent les « impersonnels », les périphériques, – c'est ainsi

20

qu'ils l'aiment. Il est, en particulier, le musicien d'une certaine espèce de femmes incomprises. Cinquante pas plus loin, et l'on a les wagnériennes – de même que cinquante pas au-delà de Brahms on trouve Wagner, – la wagnérienne, type plus caractérisé, plus intéressant et tout plus *gracieux*. Brahms est émouvant tant qu'il rêve mystérieusement ou qu'il s'apitoie sur lui-même – c'est en cela qu'il est « moderne » – ; il devient froid, il ne nous intéresse plus aussitôt qu'il recueille l'héritage des classiques... On nomme volontiers Brahms l'héritier de Beethoven : je ne connais pas d'euphémisme plus prudent. Tout ce qui a aujourd'hui quelque prétention au « grand style » en musique est, par cela même, faux envers nous *ou bien* faux envers soi-même. Cette alternative donne suffisamment à penser : car elle renferme une casuistique sur la valeur des deux hypothèses. « Faux envers nous » : contre cela l'instinct du plus grand nombre proteste – on ne veut pas être trompé – ; quant à moi je préférerais certainement ce type à l'autre (« faux envers *soi-même* »). C'est là mon goût *à moi*. – Pour m'exprimer plus clairement à l'usage des « pauvres d'esprit » : Brahms – *ou* Wagner... Brahms n'est pas comédien. – On peut se faire une idée d'une grande partie des *autres* musiciens, d'après Brahms. – Je ne dis rien des malins imitateurs de Wagner, par exemple de Goldmark : avec sa *Reine de Saba* on appartient à la ménagerie, – on peut se faire voir. – Ce qui peut être bien fait aujourd'hui, ce qui peut être fait maîtrement, ce ne sont que les petites choses. Là seulement la loyauté est encore possible. – Mais rien ne peut guérir la musique de son mal fondamental, la fatalité d'être l'expression d'une contradiction physiologique, – d'être *moderne*. Le meilleur enseignement, l'éducation la plus consciencieuse, l'intimité la plus absolue et même l'isolement dans la compagnie des vieux maîtres – tout cela n'est que palliatif, n'est qu'*illusoire*, pour parler plus sévèrement, puisque le tempérament ne répond plus aux conditions premières : que ce soit la forte race d'un Haendel ou l'animalité exubérante d'un Rossini. – Chacun n'a pas *le droit* de se guider d'après chaque maître : cela est vrai pour des époques entières. – Il n'est pas impossible qu'il existe encore quelque part en Europe des *restes* de races plus fortes, composés d'hommes au-dessus de leur siècle : cela nous permettrait d'espérer encore une beauté *tardive* et une perfection, même en musique. Ce qui peut encore nous arriver de mieux c'est de rencontrer des exceptions. De cette *règle*, que la corruption est souveraine, que la corruption est fatale, aucun dieu ne sauvera la musique. –

ÉPILOGUE

– Retirons-nous enfin, pour reprendre haleine pendant un instant, de ce monde étroit auquel toute recherche sur la valeur des *personnes* condamne l'esprit. Un philosophe éprouve le besoin de se laver les mains, après s'être occupé si longtemps du « cas Wagner ». – Je vais donner ici ma notion du *moderne*. – Chaque époque trouve dans la mesure de sa force un étalon qui détermine les vertus qui lui sont permises et les vertus qui lui sont défendues. Ou bien elle a les vertus de la vie *ascendante* : alors elle résiste depuis ses racines les plus profondes aux vertus de la vie descendante. Ou bien elle se manifeste elle-même par une vie *descendante*, et alors elle a aussi besoin des vertus de la Décadence, alors elle hait tout ce qui ne se justifie que par la plénitude et la surabondance de forces. L'esthétique est liée d'une manière indissoluble à ces prémisses biologiques : il y a une esthétique de *décadence*, il y a une esthétique *classique*, – le « beau en soi » est une chimère, comme l'idéalisme tout entier. – Dans la sphère plus étroite de ce que l'on appelle les valeurs morales on ne saurait trouver un antagonisme plus fort qu'entre la *morale des Maîtres* et la morale des évaluations *chrétiennes* : cette dernière a grandi sur un terrain absolument morbide (– les Evangiles nous présentent exactement les mêmes types physiologiques que dépeignent les romans de Dostoïewski) ; la morale des Maîtres au contraire (« romaine », « païenne », « classique »,« Renaissance ») est le symbole de la constitution parfaite, de la vie *ascendante*, de la volonté de puissance comme principe de vie. La morale de maître est *affirmative* aussi instinctivement que la morale chrétienne est *négative* (– « Dieu », l' « Au-delà », l' « Abnégation », autant de négations). L'une communique sa plénitude aux choses – elle transfigure, elle embellit, elle *rationalise* le monde –, l'autre appauvrit, apâlit, enlaidit la valeur des choses, elle *nie* le monde. « Le "monde" est un terme d'insulte chrétien. – Ces antithèses dans l'optique des valeurs sont *toutes deux* nécessaires : ce sont des façons de voir dont on n'approche pas avec des arguments et des réfutations. On ne réfute pas le christianisme, on ne réfute pas une maladie des yeux. Avoir combattu le pessimisme comme une philosophie, ce fut le comble de l'idiotie savante. Les notions d' "erreur" et de "vérité" n'ont, à ce qu'il me semble, aucun sens en optique. – La seule chose que l'on ait à combattre, c'est l'hypocrisie, la mauvaise foi instinctive, qui refuse d'accepter ces antithèses en tant qu'antithèses : comme c'était par exemple la volonté de Wagner qui, en matière de semblables hypocrisies, atteignait une vraie maîtrise. Jeter un regard furtif sur la morale de Maîtres, la morale *noble* (– la Saga islandaise en est presque le document le plus important –) et, en même temps, avoir à la bouche la doctrine contraire, celle de l' "évangile des humbles", du *besoin* de rédemption !... J'admire, soit dit en passant, la modestie des chrétiens qui vont à Bayreuth. Moi-même je ne supporterais pas certaines paroles dans la bouche d'un Wagner. Il y a des idées qui n'ont rien à voir avec Bayreuth... Comment ? un christianisme apprêté pour des wagnériennes, peut-être *par* des wagnériennes – car, sur ses vieux jours, Wagner fut tout à fait *feminini generis ?* – Encore une fois, les chrétiens d'aujourd'hui me paraissent trop modestes... Si Wagner fut un Christ, eh bien ! alors Liszt fut peut-être un père de l'Eglise ! – Le *besoin* de rédemption, la quintessence de tous les besoins chrétiens, n'a rien à faire avec de pareils paillasses : ce besoin est la plus loyale expression de la *décadence*, la plus sincère et la plus douloureuse affirmation en des symboles et des pratiques sublimes. Le chrétien veut se *débarrasser* de lui-même. *Le moi est toujours haïssable.* – La morale noble, au contraire, la morale de Maîtres, a ses racines dans une triomphante affirmation *de soi*, – c'est une affirmation de la vie par elle-même, une glorification de la vie par elle-même, elle a également besoin de symboles et de pratiques sublimes, mais seulement "parce que son cœur déborde". Toute la *beauté* de l'art, tout le *grand* art émane de cette morale : leur essence commune est la reconnaissance. D'autre part on ne peut lui dénier une aversion instinctive *contre* les *décadents*, un mépris, une horreur même pour leur symbolisme : ce sentiment leur sert presque de démonstration. Le Romain noble considérait le christianisme comme une *fœda superstitio* : je rappelle ici le sentiment que le dernier Allemand de goût distingué, que Goethe éprouvait pour la croix. "On cherche en vain des contrastes plus précieux, plus *nécessaires*[1]..." »

– Mais une duplicité comme celle des gens de Bayreuth n'est plus une exception aujourd'hui. Nous connaissons tous l'idée peu esthétique du hobereau chrétien. Cette *innocence* dans la contradiction, cette « conscience tranquille » dans le mensonge est *moderne* par excellence, elle devient presque la définition de la modernité. L'homme moderne représente, au point de vue biologique, *une contradiction des valeurs*, il est assis entre deux chaises, il dit tout d'une haleine oui et non. Quoi d'étonnant si, justement de nos jours, la duplicité est devenue chair et même génie ? Si Wagner a vécu « parmi nous » ? Ce n'est pas sans raison que j'ai appelé Wagner le Cagliostro de la Modernité... Mais nous tous, sans le savoir, sans le vouloir, nous avons dans le corps des valeurs, des mots, des formules, des morales d'origine *opposée*, – nous sommes, physiologiquement parlant, faux, pleins de contradictions... Un *diagnostic de l'âme moderne* – par où commencerait-il ? Par une incision résolue dans cette agglomération d'instincts contradictoires, par une extirpation de ses valeurs opposées, par une vivisection opérée sur son cas *le plus instructif.* – Le cas Wagner est pour les philosophes un *coup de fortune,* cet écrit est inspiré, on l'entend bien, par la reconnaissance...

---

[1] REMARQUE. – Sur l'antagonisme entre la « morale *noble* » et la « morale *chrétienne* », ma *Généalogie de la Morale* donne les premiers enseignements : il n'y a peut-être pas de revirement plus décisif dans l'histoire de la connaissance religieuse et morale. Ce livre, qui me sert de pierre de touche à l'égard de mes pairs, a le bonheur de n'être accessible qu'aux esprits les plus élevés et les plus sévères ; les *autres* manquent d'oreilles pour m'entendre. Il faut mettre sa passion dans des choses où personne ne la met aujourd'hui... (Note de Nietzsche.)